Dieses Buch kann alleine lesen:

_____

Silben-Geschichten rund um Mond und Sterne

Silbe für Silbe zum Lese-Erfolg

Liebe Eltern,

Leseanfänger lesen langsam. Sie müssen jedes Wort Buchstabe für Buchstabe, Silbe für Silbe erlesen. Alle Wörter der Geschichten in diesem Band sind in farbigen Silben markiert. Diese kurzen Buchstabengruppen können Leseanfänger schneller erfassen als das ganze Wort.

Bei den markierten Silben handelt es sich um Sprechsilben. Das heißt, die Wörter sind so in Silben aufgeteilt, wie sie gesprochen werden. Die Sprechsilben entsprechen fast immer auch der möglichen Worttrennung, also den Schreibsilben.

Nur bei der Trennung einzelner Vokale gibt es einen Unterschied: Nach den aktuellen Rechtschreibregeln werden einzelne Vokale am Wortanfang oder -ende nicht abgetrennt. Beim Sprechen unterteilen wir solche Wörter jedoch in mehrere Silben, daher sind sie in diesem Band ebenfalls mit unterschiedlichen Farben markiert: Oma, Radio.

Ihnen und Ihrem Kind viel Spaß beim Lesen!

Inhalt

Viel Spaß!

Eine Nacht im Zelt

Eine Geschichte von Antje Schwenker
mit Bildern von Sigrid Leberer

Endlich Ferien!

Oben auf dem Klettergerüst sitzen

Hanna und ihr Bruder Anton.

Sie haben Ferien.

Endlich!

Die Sonne scheint,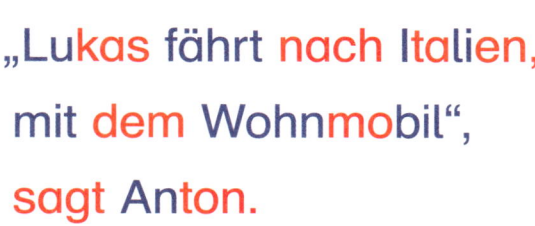

aber die beiden

sehen traurig aus.

„Lukas fährt nach Italien,

mit dem Wohnmobil",

sagt Anton.

„Und Jule fliegt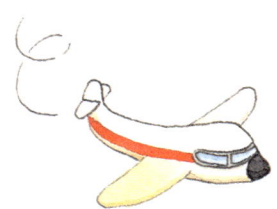

mit dem Flugzeug

nach Spanien."

Weil Oma krank im Bett liegt,

bleiben Anton und Hanna

zu Hause.

Hanna pflückt Löwenzahn.

„Komm, wir spielen

mit dem Meerschweinchen",

sagt Hanna zu ihrem Bruder.

Anton setzt

das Meerschweinchen Lola

ins Gras.

Aber Lola versteckt sich

in ihrem Häuschen.

Das Turnen auf dem Klettergerüst
macht ohne Freunde keinen Spaß.
Sogar das Skateboard bleibt
in der Ecke liegen.
Da fährt Lukas
im Wohnmobil vorbei.
„Bis in zwei Wochen!",
ruft er und winkt.
Nur die Sonne lacht.
„Ich habe eine Idee!",
ruft Hanna.
„Mit dem Zelt spielen wir Verreisen."

„Wir brauchen einen Schlafsack",
sagt Anton begeistert.
„Und die Taschenlampe
nicht vergessen!"
Sie sausen los.
Der Gartenzwerg wundert sich.
Ein Schmetterling fliegt
vor Schreck davon.

13

Leserätsel

Wohin fährt Lukas?
Kreuze an.

S	Nach Spanien	
Z	Nach Italien	
P	Nach Frankreich	

Wie verreist Jule?

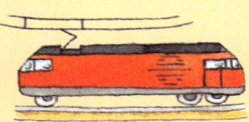

O	Mit der Bahn
A	Mit dem Wohnmobil	
E	Mit dem Flugzeug

Warum bleiben Hanna und Anton
zu Hause?

L   Weil Oma krank ist.

M   Weil Opa krank ist.

N   Weil das Auto kaputt ist.

Wie heißt das Meerschweinchen?

E   Lila

G   Lolli

T   Lola

Die Buchstaben neben den richtigen
Antworten ergeben ein Lösungswort:

15

Zelten ist ein Abenteuer!

Anton holt das Zelt

und die Schlafsäcke.

Hanna bekommt von Mama

eine Flasche Limonade

und zwei Becher.

Und eine Tüte Chips. Lecker!

Das Zelt soll

vor dem Klettergerüst

aufgebaut werden,

gleich neben der Sandkiste.

Papa hilft ihnen.

16

Mit dem Hammer schlägt er

Heringe in die Erde.

Das Zelt ist rot wie ein Feuerwehrauto.

Gleich sind sie fertig.

Nicht einmal der Schäferhund

von nebenan bemerkt

die dicken Wolken am Himmel.

Mit Schlafsäcken, Kissen und Decken

sieht es im Zelt richtig kuschelig aus.

Sogar der Käfig

des Meerschweinchens

passt in die Ecke.

Nur noch Hase Tom und

Bär Timo fehlen.

Dann ist das Zelt

fertig für die Nacht.

Anton und Hanna kriechen

in die Schlafsäcke.

Sie finden alles sehr spannend.

Die Sonne ist untergegangen.

Hanna sieht Sterne

am Himmel.

Flattert dort eine Fledermaus?

Hanna schüttelt sich.

Sie mag keine Fledermäuse.

Mama und Papa sagen

Gute Nacht.

Leserätsel

Was brauchen Hanna und Anton
zum Zelten? Kreuze an.

F	Schlafsack	P	Springseil
T	Gummistiefel	R	Hammer
S	Schnuller	I	Heringe
E	Kopfkissen	G	Hummer

Nebenan wohnt ...

| A | ein Dackel.

| O | ein Riesenschnauzer.

| U | eine Katze.

| E | ein Schäferhund.

Welches Tier mag Hanna nicht?
Kreuze es an.

| G |  | N |

| E |  | X |

Die Buchstaben neben den richtigen
Antworten ergeben ein Lösungswort:

_ _ _ _ _

Im **Dunkel der** Nacht

Im Zelt ist es unheimlich.

Hanna erzählt eine Geschichte

von einem Gespenst.

Anton gruselt sich.

Das Meerschweinchen

raschelt im Käfig.

Es ist fast dunkel.

Nur die Taschenlampe leuchtet.

Jedes Knacken ist lauter als sonst.

War das ein Eichhörnchen?

Plötzlich wird es hell.

„Ein Blitz",

flüstert Anton.

Schon donnert es.

Das Klettergerüst knarrt.

Ist da jemand?

Der Schäferhund nebenan bellt.

„Das Meerschweinchen hat Angst",

sagt Hanna leise.

Auf das Zelt fallen erste Tropfen.

Anton öffnet den Reißverschluss.

„Komm, wir laufen ins Haus",

sagt Hanna.

Noch ein Blitz leuchtet auf.

Mit der Taschenlampe schauen sich

Anton und Hanna um.

Eine Schnecke kriecht über den Weg.

Ein Igel huscht unter einen Busch.

Im Dunkeln sieht der Baum aus

wie ein Gespenst.

„Drinnen ist es gemütlicher",

sagt Anton.

Hanna sagt:

„Wir dürfen das Meerschweinchen

nicht vergessen!"

Papa wartet schon an der Tür.

„Lola hat Angst", sagt Anton.

Mama bringt die Kinder ins Bett.

Das Bett ist warm und weich.

Hanna und Anton gähnen.

Sogar das Meerschweinchen gähnt.

Es rollt sich in seinem Häuschen

zusammen und schläft ein.

„Morgen schlafen wir
wieder im Zelt",
murmelt Hanna müde.

„Aber ohne das Meerschweinchen",
sagt Anton.
„Sonst hat es wieder Angst
vor einem Gespenst!"

Infoseite
Das alles brauchst du für eine gemütliche Übernachtung im Garten:

Kissen

Kartoffelchips

Limo oder Saft

Luftmatratze

Blasebalg

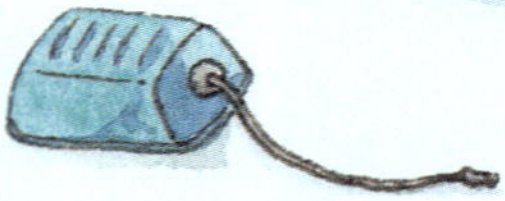

Hammer

28

Heringe

Sweatshirt

Schuhe

Jogginghose

Schlafanzug

Decke

Taschenlampe

Batterie

Kuscheltiere

Buch

Armbanduhr

Schlafsack

29

Wecker

Lösungen

S. 20/21:
Zum Zelten brauchen Hanna und Anton
Schlafsack, Kopfkissen, Hammer und Heringe.
Nebenan wohnt ein Schäferhund.
Hanna mag keine Fledermäuse.
Das Lösungswort lautet FERIEN.

S. 14/15:
Lukas fährt nach Italien.
Jule verreist mit dem Flugzeug.
Hanna und Anton bleiben zu Hause,
weil Oma krank ist.
Das Meerschweinchen heißt Lola.
Das Lösungswort lautet ZELT.

Tag und Nacht

Eine Geschichte von Imke Rudel
mit Bildern von Anne Ebert

Der **Abendhimmel**

„Es wird bald dunkel", sagt Papa.

„Zeit fürs Bett!"

David ist schon auf Mamas Schoß

eingeschlafen.

Greta hat heute Geburtstag gefeiert.

Sie kann sich noch gar nicht
von ihren Geschenken trennen.
„Das war soo ein schöner Tag!
Ich will nicht, dass er zu Ende geht",
bettelt sie. „Können wir die Nacht heute
nicht einmal ausfallen lassen?"
„Leider nein, meine Süße", sagt Papa
und lacht, „die Erde können wir
nicht anhalten."

WARUM GIBT ES TAG UND NACHT?
Unsere Erde dreht sich um sich selbst. Für eine ganze
Drehung braucht sie 24 Stunden, also einen Tag und eine
Nacht lang. Eine Hälfte der Erde wird dabei von der Sonne
beschienen, während die andere Hälfte im Schatten liegt.
Tag und Nacht wechseln sich dadurch ständig miteinander ab.

Nach dem Zähneputzen schaut Greta
noch einmal aus dem Fenster.
Draußen ist es inzwischen dunkel
geworden. „Ich kann den Mond sehen.
Und ganz viele Sterne."
Papa zeigt ihr das Sternbild vom
Großen Wagen. Plötzlich zieht ein
leuchtender Streifen über den Himmel.

36

„Was war das?", ruft Greta aufgeregt.

„Das war eine Sternschnuppe.

Jetzt darfst du dir etwas wünschen",

erklärt Papa.

MOND UND STERNE

Erst wenn die Sonne untergegangen ist, können wir die
Sterne am Himmel sehen. Natürlich sind sie auch tagsüber
da, aber im hellen Sonnenlicht können wir sie nicht erkennen.
Der Mond scheint in manchen Nächten besonders hell.
Er leuchtet aber nicht selbst, sondern wird von der Sonne
angestrahlt. In einem Monat kreist der Mond einmal um
die Erde, die wiederum um die Sonne kreist. Daher wird
der Mond vom Sonnenlicht immer wieder unterschiedlich
beschienen. Je nachdem, wo der Mond gerade steht, sehen
wir ihn von der Erde aus als schmale Sichel, als runden
Vollmond oder manchmal auch überhaupt nicht.

Vollmond

zunehmender
Mond

abnehmender
Mond

Neumond

Neumond

ein Monat

„Jetzt aber schnell ins Bett", sagt Papa,
doch Greta ist noch kein bisschen müde.
„Muss ich unbedingt schlafen?", fragt sie.
„Unbedingt!", nickt Papa und deckt Greta
fest zu. „Nur wenn du in der Nacht
gut schläfst, bist du am nächsten Tag
ausgeruht", erklärt er.
„Und warum liegst du noch nicht
im Bett?", fragt Greta.

„Weil ich schon groß bin.
Ältere Menschen, die nicht mehr
wachsen, brauchen weniger Schlaf
als Kinder", antwortet Papa und
macht das Licht aus.
„Schlaf gut und träum was Schönes!"

SCHLAF

Wir verbringen einen großen Teil unseres Lebens mit
Schlafen. Viele Vorgänge in unserem Körper werden
im Schlaf langsamer, wie zum Beispiel die Atmung
oder der Herzschlag. Dadurch kann sich unser Körper
erholen. Bei Kindern werden im Schlaf besonders
viele Stoffe gebildet, die ihnen beim Wachsen helfen.
Kindergartenkinder sollen ungefähr 10 bis 12 Stunden
schlafen. Erwachsene brauchen nur 7 bis 8 Stunden
Schlaf. Während der Körper sich ausruht, hat unser
Gehirn im Schlaf fast genauso viel zu tun, als wenn
wir wach wären. Es wiederholt die Dinge, die wir
tagsüber gelernt haben, und steuert die
Vorgänge in unserem Körper.

Greta kann nicht sofort einschlafen.

Sie denkt noch einmal über den Tag

mit der tollen Geburtstagsfeier nach.

Über die Freunde, die sie eingeladen hat.

Und über ihre schönen Geschenke.

Und sie denkt daran, dass sie eine

Sternschnuppe gesehen hat:

Sie hat ja noch einen Wunsch frei!

Nun ist Greta auf einmal doch

ganz müde.

„Ich wünsche mir einen wunderschönen Traum", murmelt sie leise und ist schon fast eingeschlafen.

TRÄUME

Im Traum durchleben wir viele Ereignisse des Tages noch einmal. Wir träumen jede Nacht sogar mehrmals.
In den Zeiten dieses Traumschlafes bewegen sich unsere Augen unter den Augenlidern sehr schnell hin und her.
An die meisten Träume erinnern wir uns nach dem Aufwachen allerdings nicht mehr.

Leserätsel

Wie lange braucht die Erde, um sich einmal um sich selbst zu drehen?

T	6 Stunden
A	12 Stunden
B	24 Stunden

Wie heißt die Mondphase, bei der der Mond komplett von der Sonne angestrahlt wird?

U	Zunehmender Mond
R	Vollmond
N	Neumond

Wie lautet der Name eines Sternbildes?

U	Großer Wagen
A	Kleiner Kochtopf
D	Bunter Schmetterling

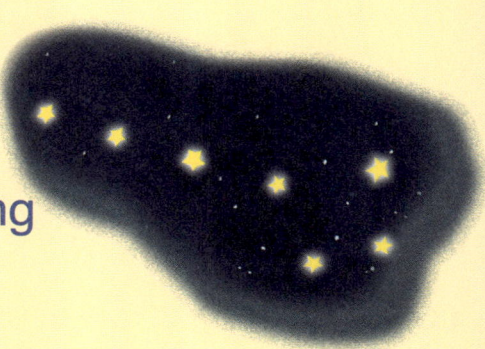

Was passiert, während wir schlafen?

| D | Unser Körper erholt sich. |

| H | Wir vergessen alles. |

| M | Unser Körper schrumpft. |

Worüber denkt Greta nach?

| K | Über Pfannkuchen |

| O | Über einen Hund |

| E | Über eine Sternschnuppe |

Was passiert in den Zeiten des Traumschlafes?

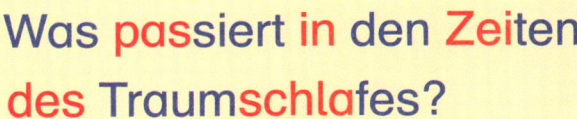

| L | Die Zehen wackeln hin und her. |

| R | Unsere Augen bewegen sich unter den Lidern schnell hin und her. |

| G | Wir nehmen zu. |

Die Buchstaben neben den richtigen Antworten ergeben ein Lösungswort:
David ist Gretas __ __ __ __ __ __ .

Ein Tag bei Greta und David

„Aufstehzeit, es ist so weit!", singt David.

Er zieht seiner Schwester die Decke weg.

„Uaah", gähnt Greta herzhaft und

kuschelt sich zusammen.

„Ich hab gerade so schön geträumt."

Mama steckt ihren Kopf durch die Tür:

„Jetzt aber raus aus den Federn,

du kleiner Morgenmuffel. Der Tag

hat begonnen."

„Na gut", brummt Greta.

FRÜHAUFSTEHER UND MORGENMUFFEL
Frühaufsteher erwachen früh am Morgen auch ohne Wecker
und sind sofort putzmunter. Sie haben oft schon beim Aufstehen
strahlend gute Laune. Den Morgenmuffeln fällt
es schwer, morgens ihre Augen zu öffnen.
Sie brauchen meistens eine Weile, um richtig
wach zu werden.

Langsam klettert sie aus ihrem Bett
und schlurft hinüber ins Badezimmer.
Ein nasser Waschlappen vertreibt
ihre Müdigkeit.

45

So sieht Gretas und Davids Tag aus:

MORGENS

MITTAGS

46

47

Nach dem Abendessen ist in der
Familie von Greta und David „Sofazeit".
David erzählt Papa, was er heute
im Kindergarten erlebt hat.
Greta und Mama spielen ein Kartenspiel.
Dann ist es Zeit, ins Bett zu gehen.
Greta wirft ihre schmutzige Kleidung
in den Wäschekorb und zieht ihr
Nachthemd an.
David ist schon beim Zähneputzen.

Als beide Kinder im Bett liegen, liest
Papa eine Gutenachtgeschichte vor.
„Noch eine Geschichte", bettelt David.
Aber Papa sagt: „Heute nicht, morgen
müssen wir früh aufstehen."

ABENDS

NACHTS

Bald nachdem Greta
und David eingeschlafen sind,
gehen auch Mama und Papa ins Bett.
Aber nicht alle Menschen schlafen nachts.
In vielen Berufen wird nachts gearbeitet:
Feuerwehrleute und Polizisten sind
immer im Einsatz.

50

Im Krankenhaus sind
die Pfleger und Ärzte
rund um die Uhr
für die Patienten da.
In vielen Fabriken stehen
die Maschinen nie still.
Eisenbahnen und
Flugzeuge sind immer
unterwegs.
Sternenforscher können
die Sterne nur nachts
beobachten.
Der Bäcker steht mitten in der Nacht auf,
damit die Brötchen und Brote zum
Frühstück fertig sind.
Zeitungen werden nachts gedruckt
und frühmorgens vom Zeitungsboten
verteilt.

51

Papa fährt mit Greta und David
übers Wochenende zum Zelten.
Als das Zelt steht, krabbelt David
sofort hinein.
„Hallo, Greta!", ruft er von drinnen.
„Da ist ein großes schwarzes Bild
von dir auf dem Zelt!"
„Das hat die Sonne gemalt", sagt Papa.
Er stellt sich neben Greta.
Nun sind zwei dunkle Schattenbilder
auf der Zeltwand zu sehen.

„Warum ist der Stoff des Zeltes
von außen heller als von innen?",
will Greta wissen.

„Das liegt auch an der Sonne",
erklärt Papa. „Ihre Strahlen haben
so viel Kraft, dass viele Farben
ausbleichen, wenn sie lange von
der Sonne beschienen werden."

DIE SONNE

Ohne die Sonne gäbe es kein Leben
auf der Erde. Sie sorgt dafür, dass
wir tagsüber genügend Licht haben.
Und ihre Strahlen wärmen den
Boden. Das können wir jeden Tag
selbst spüren: Wenn die Sonne
abends untergegangen ist, wird es
draußen kälter. Sonnenstrahlen
haben so viel Kraft, dass sie sogar
unsere Haut verbrennen
können.
Mit Sonnencreme
oder Kleidung
schützen wir uns
vor einem
Sonnenbrand.

Nach dem Abendessen ist es
dunkel und kühl geworden.
Greta zieht eine dicke Jacke an.
David will sich in seinen Schlafsack
kuscheln, aber Papa sagt: „Wir machen
noch einen Spaziergang zum Strand."
„Klasse!", ruft David. „Ich nehme
meine Taschenlampe mit."
Er will mit seiner Lampe den Weg
beleuchten, aber das ist gar nicht
notwendig.

Auf dem Weg leuchten Straßenlaternen.

Der Mond scheint hell auf den Strand.

Da huscht ein starker Lichtstrahl über

das Wasser und verschwindet wieder.

„War das wieder eine Sternschnuppe?",

fragt Greta.

„Das war der Leuchtturm", erklärt Papa.

„Sein Licht zeigt den Schiffen nachts

den richtigen Weg."

LICHTER IN DER NACHT

Wenn die Sonne untergegangen ist und Wolken den Mond
und die Sterne verdecken, kann es draußen richtig finster
werden. Früher haben die Menschen abends Feuer gemacht,
um die wilden Tiere von ihren Höhlen fernzuhalten. Später
haben sie Kerzen angezündet. Heute müssen wir nur auf
einen Schalter drücken, um ein Licht anzumachen. Unsere
Städte sind auch nachts hell erleuchtet.

Mitten in der Nacht wird Greta
von einem Geräusch geweckt.
Papa hat es auch gehört und schaut nach.
„Das ist nur ein Igel, der nach Futter
sucht", sagt er leise.
„Der muss doch auch schlafen",
meint Greta.
Aber Papa erklärt, dass viele Tiere
erst in der Nacht erwachen.
„Fledermäuse gehen zum Beispiel
nachts auf die Jagd nach Insekten."

Greta gähnt. „Die Fledermäuse dürfen gern die Nacht für sich behalten. Ich freu mich auf den nächsten Tag", flüstert sie und kriecht wieder ins Zelt. Gute Nacht!

TIERE IN DER NACHT

Tiere, die erst nachts erwachen und dafür den Tag verschlafen, nennt man nachtaktive Tiere. Oft haben sie besonders große Augen, mit denen sie bei Dunkelheit gut sehen können. Igel sehen zwar nicht so gut, aber sie können hervorragend riechen und finden ihr Futter mit der Nase. Andere nachtaktive Tiere wie der Fuchs hören sehr gut.

Leserätsel

Ergänze die richtigen Uhrzeiten:

Morgens um __ Uhr gibt es Frühstück.

Nachmittags um __ Uhr machen
Greta und David einen Mittagsschlaf.

Nachmittags um __ Uhr
spielt David Fußball.

Abends um __ Uhr liest Papa
eine Gutenachtgeschichte vor.

Nachts um __ Uhr träumt Greta
vom Reiten.

58

Was stimmt? Kreuze an.

- **S** Die Erde braucht für eine ganze Drehung einen Tag und eine Nacht.

- **O** Auf der Hälfte der Erde, die von der Sonne beschienen wird, ist Tag.

- **B** Die Sterne sind nur nachts zu sehen.

- **N** Der Mond leuchtet nicht selbst, er wird von der Sonne angestrahlt.

- **A** Die Sonne kreist um alle Planeten.

- **N** Die Phase, in der wir den Mond nicht sehen, ist der „Neumond".

- **E** In einem Monat kreist der Mond einmal um die Erde.

- **O** Die Sonne kühlt den Boden.

- **N** Ohne Sonne gäbe es kein Leben auf der Erde.

Lösungswort:

__ __ __ __ __ __-System

59

Infoseite
Besondere Tage und Nächte

Ostern feiern wir am ersten Sonntag nach einem Vollmond im Frühling. In manchen Gegenden wird in der Nacht zu Ostern ein Osterfeuer angezündet.

Die **Mittsommernacht** am 21. Juni ist die kürzeste Nacht des Jahres. An keinem Tag scheint die Sonne bei uns auf der Nordhalbkugel der Erde länger.

60

Am 31. Oktober ist **Halloween,**
die Nacht vor Allerheiligen.
Am Abend verkleiden sich die Kinder und
ziehen von Tür zu Tür, um nach Süßigkeiten
zu fragen. Vor vielen Häusern stehen
ausgehöhlte Kürbisse mit Kerzen.

Den **Heiligen Abend** feiern wir am
24. Dezember. Bei uns gibt es die
Geschenke abends, wenn es schon
dunkel ist. In England und Amerika
finden die Kinder ihre Geschenke
erst am Morgen des 25. Dezembers.

Silvester ist am 31. Dezember. Mitten in
der Silvesternacht endet das alte Jahr und
ein neues Jahr beginnt. Bei uns feiern wir
das mit Feuerwerk und Böllern.

Lösungen

Das Lösungswort lautet SONNEN-System.

Nachts um 11 Uhr träumt Greta vom Reiten.
eine Gutenachtgeschichte vor.
Abends um 8 Uhr liest Papa
Nachmittags um 5 Uhr spielt David Fußball.
Greta und David einen Mittagsschlaf.
Nachmittags um 2 Uhr machen
Morgens um 8 Uhr gibt es Frühstück.

S. 58/59:

David ist Gretas BRUDER.
schnell hin und her.
Unsere Augen bewegen sich unter den Lidern
Greta denkt über eine Sternschnuppe nach.
Unser Körper erholt sich.
Großer Wagen ist der Name eines Sternbildes.
von der Sonne angestrahlt wird, heißt Vollmond.
Die Mondphase, bei der der Mond komplett
einmal um sich selbst zu drehen.
Die Erde braucht 24 Stunden, um sich

S. 42/43:

62

Rosa und das Gespenst

Eine Geschichte von Manuela Mechtel
mit Bildern von Sigrid Leberer

Ein Ausflug zur Burg

Die ganze Familie fährt

zur Burg Eckstein.

„Gibt es da auch Ritter?",

fragt Rosa aufgeregt.

Ihr Papa lacht:

„Höchstens als Gespenst.

Huhu!"

Rosa ist sauer.

Gespenster gibt es doch gar nicht!

Die Straße windet sich in Kurven

einen steilen Berg hoch.

Rosa wird schlecht.

Lukas schläft.

Er ist noch ein Baby.

Er hat es gut!

Endlich sind sie da.

Ein Mann mit karierten Pantoffeln

verkauft die Eintrittskarten.

Er zwinkert Rosa zu:

„Na, kleines Fräulein?

Hast du keine Angst

vor dem Gespenst?"

Kaum sind sie in der Burg drin,

schreit das Baby.

„Lukas hat Hunger",

meint Rosas Mama und

setzt sich auf eine Bank.

Papa meint gut gelaunt:

„Sieh dich doch alleine um!

Und grüß mir das Gespenst!"

„Du und dein Gespenst!",

ärgert Rosa sich.

„Das kannst du dem Baby erzählen,

aber nicht mir!"

Im Turm führt eine Treppe nach unten
und eine Treppe nach oben.

Rosa steigt nach unten.

Leider hat sie keine Taschenlampe.

Aber es ist nicht dunkel.

Eine Fackel brennt an der Wand.

Daneben lehnt bleich ein Gespenst!

Rosas Knie werden weich.

Leserätsel

Welche Straße führt zur Burg Eckstein?

Was verkauft der Mann vor der Burg?
Kreuze an und ergänze die fehlenden
Buchstaben.

☐ EI __ KU __ ELN

☐ EI __ TR __ TTS __ A __ TEN

☐ EI __ __ AGSFL __ __ GEN

☐ EI __ ENKET __ EN

Hier versteckt sich ein Gespenst
am liebsten! Verbinde die Bilder mit
dem passenden Wort.

Im Briefkasten

Unter der Bettdecke

Im Burgturm

In der Badewanne

Im Burggraben

Im Brotkasten

Hilfe, ein Gespenst!

Das Gespenst kommt auf Rosa zu.

An seiner linken Hand hängt

eine schwere Eisenkette mit

einer Kanonenkugel daran.

Die zieht es hinter sich her.

Rosa will weglaufen,

aber ihre Füße gehorchen ihr nicht.

Sie macht den Mund auf,

um zu schreien.

Aber es kommt kein Ton heraus.

72

„Besuch!", ruft das Gespenst.

Rosa sagt immer noch nichts.

Das Gespenst verneigt sich.

„Gestatten: Ritter Kuno von Eckstein.

Und wer bist du?"

Rosa schüttelt den Kopf.

„Ritter sehen anders aus", flüstert sie.

„Das weiß ich ganz genau!"

Oder?

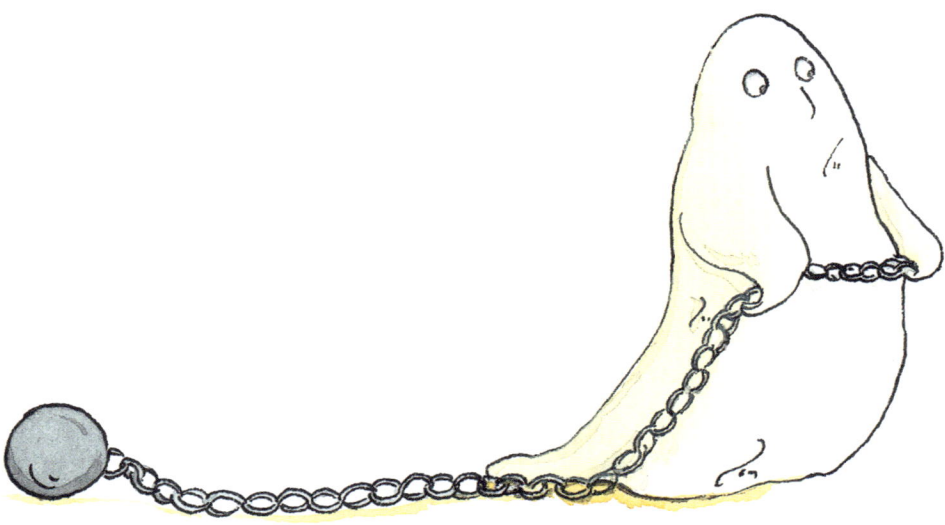

Das Gespenst ist

von Kopf bis Fuß weiß.

Seine Augen funkeln dunkel

aus zwei runden Löchern.

Es hebt die linke Hand.

„Seit 500 Jahren bin ich an diese

Eisenkette gekettet.

Elend verhungert bin ich hier unten!

Nachdem Otto der Schreckliche

meine Burg erobert hat."

„Warum bist du nicht weggelaufen?",

fragt Rosa zitternd.

„Wie denn?", lacht das Gespenst bitter.

„Der Schuft hat die Tür abgesperrt.

Und Fenster gibt es hier unten nicht!

Fünfzig Jahre hat er

in der Burg gehaust.

Erst nach seinem Tod

wurde die Tür geöffnet."

Atemlos ruft Rosa: „Ich dachte,

es gibt gar keine Gespenster!"

Leserätsel

Woran erkennt man ein echtes Gespenst? Nur eine Antwort ist falsch!

- ☐ Es kann durch Mauern gehen.

- ☐ Es kann schweben.

- ☐ Es kann schwimmen.

- ☐ Es kann sich unsichtbar machen.

- ☐ Es hat nur eine Zehe und einen Zahn.

Wer ist das Gespenst, das Rosa trifft?

Doktor Mabuse ◯

Frankenstein ◯

Froschkönig ◯

Dracula ◯

Kuno von
Eckstein ◯

Otto der
Schreckliche ◯

Wann wurde er ermordet?

☐ Vor 1 Million Jahren

☐ Vor 500 Jahren

☐ Vor fünfzig Jahren

☐ Vor fünf Minuten

Papa muss ganz tapfer sein

Rosa steigt die Treppe wieder hoch.

Das Gespenst kommt mit.

Die schwere Eisenkugel trägt es

unter dem Arm.

Sie laufen auf den Turm hinauf,

bis ganz nach oben.

Hier scheint die Sonne.

Rosa blickt weit über das Land.

Die Autos auf der Straße unten

sehen ganz klein aus.

„Als das alles noch mir gehörte",

sagt das Gespenst,

„gab es keine Autos.

Wir ritten auf Pferden,

wir heizten mit Feuer und

wir kämpften mit Schwertern.

So war das,

mein kleines Fräulein!"

Rosa stutzt.

In der hellen Sonne sieht sich Rosa

das Gespenst noch einmal

ganz genau an, von Kopf bis Fuß.

Irgendetwas ist seltsam.

Seine Augen funkeln

nicht mehr so dunkel.

Und unten an den Füßen

trägt es karierte Pantoffeln!

„Ich hab es doch gewusst!", lacht Rosa.

„Es gibt gar keine Gespenster!"

In dem Moment schallt

eine Stimme durch den Turm:

„Rosa?"

„Das ist mein Papa", sagt Rosa.

„Kannst du den auch mal erschrecken?"

Das Gespenst nickt.

In der Eile denkt es nicht

an seine Eisenkugel.

Die poltert die Treppe hinab und

reißt das Gespenst hinter sich her!

81

Das Gespenst schreit vor Schreck.

Rosas Papa auch, als er ein Gespenst

an einer Kette auf sich zurasen sieht!

Das Gespenst fällt auf ihn drauf,

rappelt sich schnell hoch

und flieht durch die Tür ins Freie.

„Was war das?", keucht Papa.

„Ritter Kuno",

erklärt Rosa freundlich.

Abends im Auto sitzt ihre Mama

am Steuer und ihr Papa hinten.

Er hält Rosa im Arm,

damit ihr nicht wieder schlecht wird.

Das Baby schläft.

Rosas Papa grübelt:

„Wo kam dieses Gespenst nur her?!

Bitte lauf nie wieder alleine

in einer Burg herum, mein Schatz!"

Rosa lächelt.

Infoseite
Das braucht ein Gespenst zum Spuken:

Eisenketten mit Kanonenkugel, nur für Gespenster, die kräftig sind

Gruselige Spinnennetze in den Ecken

Feuerfackel oder Kerzen, die geheimnisvoll flackern

Schaurige Stimme, wenn das Gespenst spricht

Eingetrockneter Blutfleck auf dem Boden

Kalter Luftzug, wenn das Gespenst um die Ecke kommt

Eine schicke
alte Burg

Weißes Gewand,
in dem die Augen aus
Löchern gucken

Seil an der Decke,
um zu schweben

Schlüsselbund mit
riesigen Schlüsseln

Geheimtür in der Wand,
um durch Wände zu gehen

85

Lösungen

Der Ritter wurde vor 500 Jahren ermordet.
Rosa trifft Ritter Kuno von Eckstein.
Ein echtes Gespenst kann nicht schwimmen.

S. 76/77:

Im Brotkasten

Im Burggraben

In der Badewanne

Im Burgturm

Unter der Bettdecke

Im Briefkasten

am liebsten versteckt:
Hier siehst du, wo sich ein Gespenst

Eisenketten.
Er verkauft keine Eiskugeln, Eintagsfliegen oder
Der Mann vor der Burg verkauft EINTRITTSKARTEN.

S. 70/71:

86

Max ist ein Vampir

Eine Geschichte von Christian Tielmann
mit Bildern von Sabine Kraushaar

Die Einladung

Max bekommt einen Brief

von seinem Freund Jakob.

Es ist eine Einladung.

Jakob feiert einen Grusel-Geburtstag.

Max soll sich verkleiden.

Max verdreht die Augen.

„Da lachen ja die Hühner!"

Jakobs Geburtstage sind

immer langweilig.

Die Mutter von Jakob holt nämlich

immer ihre Gitarre und singt.

Das wird bestimmt nicht gruselig!

Aber Max ist kein Spielverderber.

Er will sich als Vampir verkleiden.

Er zieht einen Umhang an,

eine schwarze Hose und

einen schwarzen Pullover.

Seine Mama schminkt sein

Gesicht weiß.

Mit Schminke malt Max sich

rote Tropfen unter den Mund.

Das soll das Blut sein.

Und er holt seine Zähne.

Die sind aus Plastik,

sehen aber echt aus.

„Du bist ja so blass, Max", sagt Papa.

„Leg dich lieber ins Bett."

Aber Mama lacht.

„Max ist fit wie ein Turnschuh!

Er ist nur ein Vampir!"

92

Max schaut in den Spiegel.

Er ist zufrieden.

Ganz schön gruselig sieht er aus!

Leserätsel

Warum hat Max keine Lust
auf den Geburtstag von Jakob?

☐ Jakobs Mutter raucht Zigarre.

☐ Jakobs Mutter hat eine Knarre.

☐ Jakobs Mutter spielt Gitarre.

Als was verkleidet sich Max?

Max geht als __ __ __ __ __ __ .

Was braucht Max für sein Kostüm?
Ergänze die fehlenden Buchstaben!

Einen schwarzen P __ L L __ __ __ __

Einen roten U __ H __ __ __

Eine schwarze H __ __ __

Ein weißes G __ __ __ C H __

Seine weißen Z __ H __ __ aus Plastik

Ein gruseliger Geburtstag

Zu Jakobs Geburtstag kommen

auch andere Kinder.

Pauline ist als Hexe verkleidet.

Sie hat sich ein Kissen als Buckel

unter den Pullover geschoben.

Sie hat einen Besen in der Hand.

Und sie trägt einen bunten Rock

und ein altes Kopftuch.

Dörte ist ein Gespenst.

Jakob ist ein Monster.

Sein Gesicht ist grün angemalt.

Sein Mund ist lila und er hat

dunkle Ringe um die Augen.

Seine Haare sind rosa!

Max findet den Geburtstag

trotzdem langweilig.

Sie essen Kuchen.

Sie geben Jakob

ihre Geschenke.

Dann holt Jakobs Mutter

ihre Gitarre und singt.

Das geht Max auf den Wecker.

Aber Pauline hat eine tolle Idee.

„Wir machen eine Geisterbahn

und erschrecken Jakobs Eltern!"

Sie suchen sich gruselige Sachen.

Pauline holt ein paar Töpfe.

Max leiht sich die Gitarre.

Dörte holt sich eine Vogelfeder.

Sie machen es ganz dunkel

im Wohnzimmer.

Jakob leuchtet

mit einer Taschenlampe.

Max kriecht unter den Tisch.

Pauline steht hinter der Tür.

Hinter dem Sofa liegt Dörte.

Und Jakob klettert

auf den Schrank.

„Ihr könnt kommen,

wenn ihr euch traut!",

ruft er.

Seine Eltern kommen

in das Zimmer.

Leserätsel

Wer hat sich als was verkleidet?
Verbinde jede Person mit dem
richtigen Kostüm!

Pauline

Max

Dörte

Jakob

Was wollen die Kinder machen?

- [ ] Einen Kleisterhahn

- [ ] Eine Geisterbahn

- [ ] Einen weißen Schwan

- [ ] Einen Meisterkran

Wie kommen Jakobs Eltern durch die Geisterbahn?

ZIEL!

Die Eltern gruseln sich

Pauline fängt an,

mit den Töpfen zu klappern.

Max macht schaurige Geräusche

auf der Gitarre.

„Setzt euch auf das Sofa!",

ruft das Monster vom Schrank.

Jetzt faucht der Vampir

unter dem Tisch.

Das Gespenst kitzelt die Eltern

mit der Vogelfeder im Nacken.

Und das Monster leuchtet wild

mit der Taschenlampe herum.

Jakobs Eltern reißen vor Schreck

die Augen auf.

Und sie machen sich vor Angst

fast in die Hose.

„Hilfe!", flüstert Jakobs Mutter.

„Könnt ihr bitte wieder Licht machen?",

fragt Jakobs Vater.

„Ihr Angsthasen!", rufen die Kinder

wie aus einem Mund.

Jakob zündet eine Kerze an.

Sein Vater holt ein dickes Buch.

Er setzt seine Brille auf.

„Jetzt wollen wir mal sehen,

ob ihr nicht auch Angsthasen seid",

sagt er.

Jakobs Mutter zündet

noch mehr Kerzen an.

Jakobs Vater liest aus dem Buch vor.

Jakobs Mutter macht dazu Geräusche

auf der Gitarre.

Die Geschichte wird so spannend,

dass Max plötzlich aufs Klo muss.

Die anderen Kinder halten sich

die Ohren zu.

„War das Buch gruselig genug?",

fragt Jakobs Vater.

„O ja", sagt Dörte.

„So ein schöner Kindergeburtstag",

sagt Jakob am Abend.

„Schön gruselig", sagt Pauline.

„Ich wünsche mir zu meinem

Geburtstag auch etwas Gruseliges",

sagt Max.

„Was denn?", fragt Dörte.

„Etwa eine Feder?"

„Oder ein gruseliges Buch?",

fragt Jakob.

106

„Nein! Viel gruseliger!",

sagt Max und grinst.

„Eine Gitarre."

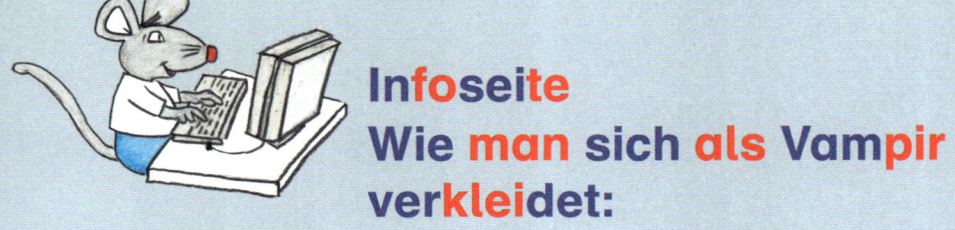

Infoseite
**Wie man sich als Vampir
verkleidet:**

Es ist gar nicht schwer,
wie ein echter Vampir auszusehen.
Max macht es dir vor:

Dunkler Pullover

Roter Umhang

Dunkle Hose

108

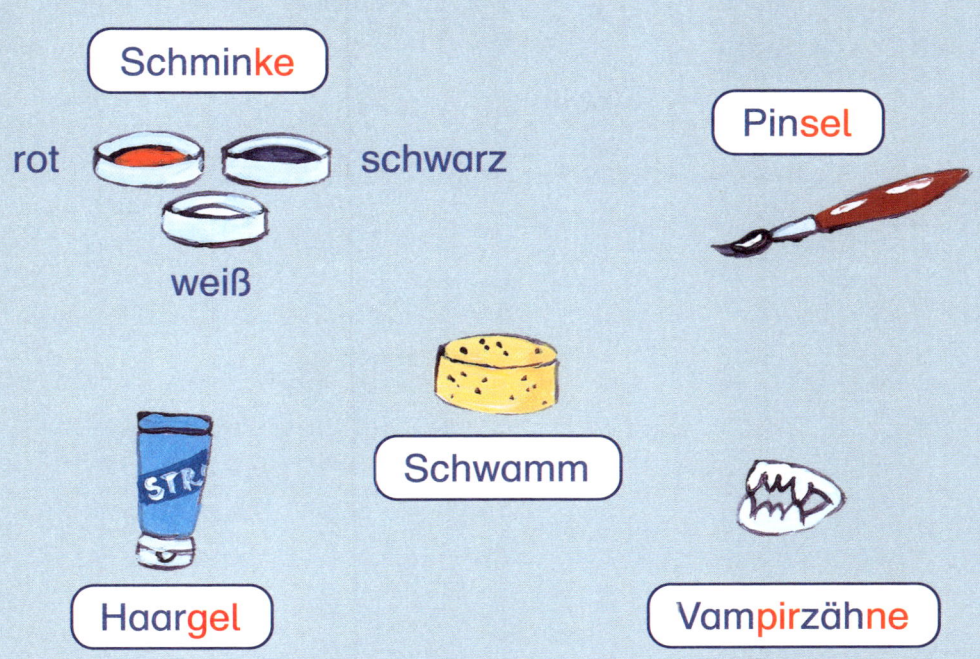

Schminke

rot   schwarz

weiß

Pinsel

Schwamm

Haargel

Vampirzähne

Die Haare mit viel Haargel zurückkämmen.
Mit dem Schwamm das Gesicht weiß schminken.
Die Lippen mit dem Pinsel rot ausmalen.
Vampirzähne einsetzen und rote Tropfen
auf das Kinn tupfen.
Die Augenbrauen schwarz malen.
Fertig ist der Grusel-Vampir!

Lösungen

Die Kinder wollen eine Geisterbahn machen.
Das ist der richtige Weg durch die Geisterbahn:

S. 100/101:
Hier siehst du, wie die Kinder
sich verkleidet haben:

S. 94/95:
Jakobs Mutter spielt Gitarre.
Max geht als VAMPIR.
Für sein Kostüm braucht Max
einen schwarzen PULLOVER,
einen roten UMHANG,
eine schwarze HOSE,
ein weißes GESICHT
sowie seine weißen ZÄHNE aus Plastik.

Jule hat keine Angst im Dunkeln

Eine Geschichte von Anna Wagenhoff mit Bildern von Sigrid Leberer

Von Rittern und Ritterinnen

Heute kann Jule es kaum bis
zum Abendessen erwarten.
Da sitzt immer die ganze Familie
um den Tisch: Mama und Papa,
Jule und Ben.
Und jeder darf von seinem Tag
erzählen.

„Wir feiern im Kindergarten ein
Ritterfest!", platzt Jule gleich heraus.
„Es gibt Wettspiele und ein Festessen
und wir verkleiden uns. Wie auf einer
Ritterburg."
„Haha, und was machen die Mädchen?",
grinst Ben. „Dürft ihr die tapferen Ritter
bedienen? Dann bring mir doch
gleich mal den Käse, du Burgfräulein!"
Ben ist Jules großer Bruder und
eigentlich ganz nett.
Aber manchmal könnte Jule ihm
seinen Käse in die Haare schmieren.
„Deinen Käse kannst du dir selbst holen",
ruft Jule empört. „Mädchen können
auch tapfere Ritter sein!"

„Ich bin genauso tapfer wie die Jungs!",
schimpft Jule beim Zähneputzen
immer noch.
„Ich werde eine Ritterin!"

So zornig stößt sie die Worte heraus,

dass eine ganze Ladung Schaum

auf dem Spiegel landet.

Und da muss Jule doch

ein bisschen kichern.

„Heute bist du wohl eher

ein schaumspuckender Drache",

lacht auch Papa.

„Ärgere dich nicht mehr über Ben.

Manchmal ist dein Bruder

eben auch nicht besonders ritterlich.

Und jetzt geht's ab ins Bett,

kleiner Drache!"

Wie jeden Abend liest Papa Jule noch
eine Geschichte vor.
Heute natürlich eine Rittergeschichte.
Darin hat ein feuerspuckender Drache
das schönste Burgfräulein geraubt.
Keiner traut sich in die Drachenhöhle,
um sie zu befreien.
Endlich kommt ein tapferer Ritter,
der den Drachen austrickst
und das schöne Fräulein rettet.
Jule kuschelt sich an ihren Stoffdrachen.

„Manchmal ist es vielleicht doch nicht so schlecht, ein Burgfräulein zu sein. Aber ich werde trotzdem eine Ritterin!", murmelt sie noch, bevor sie langsam einschläft.

Leserätsel

Welches Fest wird in Jules
Kindergarten gefeiert?

B Ein Prinzessinnenfest

O Ein Dinosaurierfest

R Ein Ritterfest

Was möchte Ben essen?

E Essiggurken

I Käse

A Brot

Was möchte Jule gerne sein?

R Ein Drache

T Eine Ritterin

S Ein Burgfräulein

120

Was landet auf dem Spiegel?

O   Lippenstift

T   Eine Ladung Schaum

B   Wasser

Was soll der tapfere Ritter vertreiben?

E   Einen Drachen

S   Ein Krokodil

T   Eine Schlange

Jule kuschelt sich an …

U   … ein Spielzeugauto.

L   … Buntstifte.

R   … ihren Stoffdrachen.

Die Buchstaben neben den richtigen
Antworten ergeben ein Lösungswort:

_ _ _ _ _ BURG

Das Fauchen in der Nacht

Mitten in der Nacht wacht Jule auf.

Ihr Herz klopft wie wild.

Hinter dem Fenster sieht Jule

einen riesigen Schatten.

Dann hört sie ein wildes Fauchen.

Chchchchchch!

122

Ob das der Drache
aus der Geschichte ist?
Bestimmt will der Drache
mich rauben, denkt Jule.
Der weiß ja nicht, dass ich
eine Ritterin bin und
kein Burgfräulein.

123

Auch eine Ritterin darf mal Angst haben,
beschließt Jule.

Ganz laut ruft sie:

„Papaaa! Papaaaaa!"

Und da fliegt auch schon die Tür auf.

„Was ist denn los, Jule?",
ruft Papa atemlos. „Hast du
schlecht geträumt?"

„Ich hab Angst", antwortet Jule.

„Da sitzt ein Drache vor meinem Fenster!"

Papa nimmt Jule ganz

fest in den Arm.

„Keine Angst",

flüstert er.

„Ich bin ja bei dir.

Ich beschütze dich."

Papa schaut zum Fenster.

„Stimmt. Es sieht wirklich so aus, als
würde da etwas sitzen."

Auf Zehenspitzen schleicht Papa
zum Fenster.
Er zieht den Vorhang zur Seite.
Und da ist – NICHTS!
„Ich kann keinen Drachen sehen",
sagt Papa.

127

„Aber ich habe ihn doch gehört.
Und auch gesehen!", sagt Jule
und tapst zu Papa.
Gemeinsam öffnen sie das Fenster.

128

Ganz vorsichtig schauen sie hinaus.
Und da sehen sie das fauchende
Ungeheuer. Es sind sogar zwei!

Zwei Katzen stehen sich
auf dem Rasen gegenüber.
Kitty, die Katze von nebenan,
und ein großer fremder Kater.
Wütend starren sich die beiden an.
Kitty macht einen Buckel.
Das Fell des Katers sträubt sich wild.

130

Und dann geht es los:

Der Kater faucht Kitty an

und Kitty faucht zurück.

Mindestens so laut wie ein

neunköpfiger Drache.

„Das war das Drachenfauchen",

seufzt Jule erleichtert.

Chchchchchch!

„Ja, das klingt wirklich fast wie

ein Drache", findet Papa.

„Aber die Katzen wollen dich zum Glück

bestimmt nicht rauben."

Papa schließt das Fenster.
Da lacht er: „Schau mal! Der Busch
vor dem Fenster hat den Schatten
gemacht. Er sieht wirklich fast
wie ein Drache aus!"

„Ja, aber wenn man es weiß,
nicht mehr so sehr!", findet Jule.
„Trotzdem schneiden wir morgen
ein paar Zweige ab", schlägt Papa vor.
Jule nickt.
Sie ist froh, dass sich alles
aufgeklärt hat.

Ganz beruhigt ist Jule aber noch nicht.
„Eigentlich weiß ich ja, dass es keine
Drachen gibt. Aber das weiß der Drache
doch nicht", befürchtet sie.
„Was soll ich denn machen,
wenn er doch kommt?"
„Vielleicht kannst du dich dann
in eine Ritterin verwandeln",
schlägt Papa vor.
„Dann bekommt der Drache selbst
Angst und haut ab."

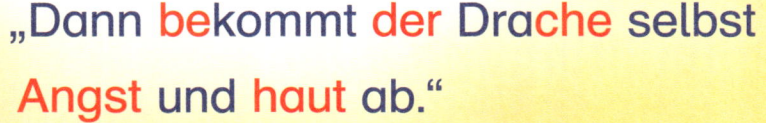

„Das ist gut.

So mache ich es",

stimmt Jule zu.

„Eine tapfere Ritterin raubt der Drache

bestimmt nicht! Und eine tapfere Ritterin

hat auch keine Angst im Dunkeln."

Gähnend kuschelt sich Jule in ihre Decke.

„Dann schlaf gut, meine kleine Ritterin!"

Papa gibt Jule einen Gutenachtkuss

und macht das Licht aus.

Jule gähnt. Sie gähnt noch einmal

und schon ist sie eingeschlafen.

135

Leserätsel

Fülle das Wort-Rätsel aus:

Grünes
Ungeheuer

Wie heißt die Katze
von nebenan?

Wer wird
vom Drachen
geraubt?

Jules
Kuscheltier
ist ein …

Was hat den
gruseligen Schatten
gemacht?

Kreuze alle richtigen Antworten an:

Wie sieht der Schatten vom Busch aus?

S Unheimlich

A Fröhlich

C Wie ein Drache

136

Jule ist froh, ...

H ... dass sie morgen ein paar Zweige abschneiden.

O ... dass sie Schokolade bekommt.

A ... dass sich alles aufgeklärt hat.

Was passt zu einer tapferen Ritterin?

T Der Drache raubt sie bestimmt nicht.

S Sie trägt ein Sommerkleid.

T Sie hat keine Angst im Dunkeln.

Bevor Papa das Zimmer verlässt ...

E ... gibt er Jule einen Gutenachtkuss.

P ... schaltet er die Musik ein.

N ... macht er das Licht aus.

Lösungswort:

— — — — — — — —

Infoseite
Keine Angst im Dunkeln!

Ängste begleiten uns ein Leben lang – und das ist auch ganz normal. Auch bei Erwachsenen gibt es immer wieder Situationen, bei denen sie ängstlich sind – und manchmal hat das sogar eine Schutzfunktion, damit man sich nicht in eine Situation begibt, der man vielleicht noch nicht gewachsen ist.

Bei Kindern kommt die Angst besonders oft in der Nacht auf. Vielleicht steigt dir in der Dunkelheit manchmal auch ein komisches Gefühl im Bauch hoch und es fühlt sich ein bisschen mulmig an.

Aber meistens gibt es gar keinen Grund, Angst zu haben, denn oft sind es nur Schatten, die ein bisschen gruselig aussehen. Ein ganz kleiner Gegenstand auf dem Boden kann in einem bestimmten Licht eine riesige Form an die Wand werfen, die dir wie ein Monster erscheint. Aber wenn du dann das Licht einschaltest, wirst du sehen, dass es in Wirklichkeit keinen Grund für die Angst gibt.

138

Tipp:

Wenn du deine Zimmertür einen Spalt offen lässt oder eine Nachtlampe brennen lässt, fühlst du dich vielleicht sicherer. Oder du kuschelst dich mit deinem Lieblingskuscheltier zusammen und fühlst dich dadurch geborgen. Oder du denkst dir eine Figur aus, die dich in Gedanken beim Einschlafen begleitet. Und vielleicht träumst du dann sogar von ihr …

Und natürlich kannst du auch jederzeit mit deinen Eltern oder Lehrern und Lehrerinnen über deine Ängste sprechen!

Lösungen

Das Lösungswort lautet SCHATTEN.

```
                        N
                        I
                        E
                        L
              B  U  S  C  H
                        A
                        R
                        F
                        G
                        Y
          S  T  O  F  F  D  R  A  C  H  E
                  B              K
                  U              I
                  C              T
                  A              T
                  D              Y
```

S. 136/137:

Das Lösungswort lautet RITTERBURG.
Jule kuschelt sich an ihren Stoffdrachen.
Der tapfere Ritter soll einen Drachen vertreiben.
Auf dem Spiegel landet eine Ladung Schaum.
Jule wäre gerne eine Ritterin.
Ben möchte Käse essen.
In Jules Kindergarten wird ein Ritterfest gefeiert.

S. 120/121:

Das Gespenst
im Besenschrank

Eine Geschichte von Ursel Scheffler
mit Bildern von Marion Elitez

Ein neuer Schüler

Der Neue in der Klasse heißt Mike.
Er ist ein Jahr älter als Pit und Anton
und hat lockige dunkle Haare.
Mit seiner coolen Sonnenbrille
sieht er wie ein Filmstar aus,
finden Anna, Mia und Karla.

Mike kommt aus Berlin.

Er sagt immer „icke" statt ich.

Außerdem weiß und kann er immer alles.

Sein Lieblingsspruch ist:

„Null Problemo!"

145

Als Anna die schwarze Spinne
auf der Fensterbank entdeckt,
rennen alle kreischend weg.
Auch Pit und Anton.
Mike sagt: „Null Problemo!"
Er geht zum Fenster
und lässt die fette Spinne
auf seine Hand krabbeln.

Dann schüttelt er sie aus dem Fenster.

„Mann, ist der cool!", sagt Mia

beeindruckt.

„Du hast wohl vor gar nichts Angst?",

sagt Karla zu Mike.

Mike schüttelt stolz den Kopf.

„Auch nicht vor Mäusen?", fragt Mia.

Mike grinst: „Ich liebe Mäuse.

Fast so sehr wie eine hungrige Katze."

147

„Aber bestimmt gruselst du dich
vor Geistern und Vampiren?", fragt Anna.
„Kinderkram!", antwortet Mike.
„Das erschreckt doch nur Babys!"
Er lacht spöttisch. Und dann erzählt er
von der gefährlichen Anakonda,
die bei Nachbarn im Klo war.
„Die hab ich so lange mit der Feuerzange
festgehalten, bis die Polizei kam!"

„Der will mit seiner Angeberei doch nur die Mädchen beeindrucken", sagt Anton.
„Bestimmt würde er dafür auch glatt Kellerasseln oder Regenwürmer fressen", knurrt Pit ärgerlich.
Das klingt fast ein bisschen eifersüchtig, findet Ali.

Leserätsel

Aus welcher Stadt kommt Mike?

P Bremen

T Bern

G Berlin

Was ist Mikes Lieblingsspruch?

A Voll cool!

E Null Problemo!

O Null Ahnung!

Mike fürchtet sich angeblich

S vor Spinnen.

D vor Monstern.

I vor nichts und niemandem.

150

Mike liebt

| R | Mia. |

| S | Mäuse. |

| L | Katzen. |

Anakonda ist der Name

| N | einer Popsängerin. |

| T | einer Schlangenart. |

| M | einer Darmkrankheit. |

Die Buchstaben neben den richtigen

Antworten ergeben ein Lösungswort:

_ _ _ _ _ _

So ein Angeber!

Es ist ein warmer Frühlingstag.

Die Freunde aus der 2a verabreden sich

für den Nachmittag zum Schwimmen.

„Kann ich mitkommen?", fragt Mike.

„Wenn du mit Karla um die Wette

schwimmst?", sagt Anna spöttisch.

„Null Problemo", antwortet Mike.

„Ich wette um eine Tafel Schokolade,
dass Karla gewinnt", sagt Mia.
Karla ist die beste Schwimmerin
der Klasse.
Im Herbst wird sie neun Jahre alt.
Dann will sie das goldene Jugend-
Schwimmabzeichen machen.

Anna ahnt nicht, dass Mike in Berlin
im Schwimmverein war.
Er hat das goldene Schwimmabzeichen
schon!
So wird es ein Kopf-an-Kopf-Rennen.
Die Freunde aus der 2a stehen am
Beckenrand und feuern Karla an:
„Kar-la! Kar-la! Kar-la!"
Die schwimmt ihre persönliche Bestzeit:
50 Meter in 59 Sekunden!

Aber es reicht nicht ganz.

Mike geht eine halbe Länge

vor Karla ins Ziel.

Pit macht mit seinem Handy das Zielfoto.

Darauf sieht man es genau!

„Null Problemo!", grinst Mike, als er sich

das Wasser aus den Haaren schüttelt.

„Und jetzt her mit der Schokolade!"

155

„Irgendwie müssen wir Mike beweisen,
dass er nicht *Superman* ist!", sagt Anton.
„Hat einer von euch eine Idee?"
„Nächste Woche ist doch unsere
Lesenacht", ruft Ali. „Da könnten wir
einen Geisterspuk planen.
Angeblich fürchtet er sich ja
nicht mal vor Gespenstern."

156

Ich weiß was!", ruft Anton plötzlich.

„Wir brauchen Popcorn, dünne Schnur,

Hexenbesen, Leuchtfarbe,

Geisterschleim und das Gerippe

aus der Besenkammer."

Die vier diskutieren und planen.

„Das wird ein Hit!", jubelt Olli.

Den Mädchen verraten sie vorerst nichts.

Leserätsel

Mia wettet mit Mike

7   um eine goldene Badehose.

5   um eine Tafel Schokolade.

8   um eine Tasse heiße Schokolade.

Karla ist die beste

8   Schwimmerin der Klasse.

3   Schwindlerin der Klasse.

5   Ringerin der Klasse.

Die Zahlen neben den richtigen
Antworten verraten dir, in welcher Zeit
Mike die 50 Meter geschwommen ist:

__ __ Sekunden

158

Hier **sind sieben Dinge** versteckt,
die **es** im **Schwimm**bad **gibt.**

Z	A	R	S	E	F	P	W	E	S	U
S	P	R	U	N	G	B	R	E	T	T
C	K	L	M	R	H	E	A	B	N	N
H	A	N	D	T	U	C	H	Y	W	E
W	I	E	Z	O	D	K	I	M	A	S
I	S	L	B	A	D	E	H	O	S	E
M	S	O	K	D	A	N	C	K	S	A
M	N	D	U	B	E	R	K	D	E	L
E	L	S	T	O	P	P	U	H	R	H
R	O	D	I	B	R	A	J	E	Q	U

Ein **Geist** hat **alle Vokale** gestohlen.
Erkennst du **die Wörter** trotz**dem?**

H __ X __ N

L __ S __ N __ CHT

G __ S P __ NST

V __ M P __ R

B __ S __ NSCHR __ NK

159

Spuk in der Lesenacht

Endlich ist die Lesenacht da.

Das Klassenzimmer ist

mit Fledermäusen und

Pappgespenstern dekoriert.

Es ist schummerig wie

in einer Geisterbahn.

Nur am Pult brennt eine Leselampe.

Ein aufgeschlagenes Buch liegt daneben.

Jeder darf ein Stück aus

der Vampirgeschichte vorlesen.

Zuerst sind die Mädchen dran.

Dann kommt die Reihe an Mike.

Als er zu lesen anfängt, beginnt der

Popcorneimer auf dem Pult zu wandern.

An der Tischkante fällt der Eimer herunter.

Mike fährt zusammen und

schaut kurz auf.

Dann liest er schnell weiter.

„Das schöne Popcorn!", klagt Anna.

„Wir brauchen einen Besen", ruft Anton.

„Der ist hinten im Flur im Besenschrank",
bemerkt Pit. „Aber da bringen mich
heute keine zehn Pferde hin.
Es ist doch Walpurgisnacht."

„Hä?", macht Mike.

„Heute reiten die Hexen durch die Luft",
sagt Ali. „Da holen sie sich Besen,
wo sie sie nur kriegen können."

„Quatsch!", sagt Mike. „Ich hol den Besen."

Darauf haben die Jungen nur gewartet.

Kaum ist Mike verschwunden,
hört man draußen einen entsetzten Schrei.

Kreidebleich stürzt Mike zurück
ins Klassenzimmer.
„Ein Gespenst! Im Besenschrank!",
japst er. „Es hat mich mit grünem
Schleim bespuckt!"
„Lies ruhig weiter, Superman!", sagt Anton
und zwinkert seinen Freunden zu.
„Ich werde rausgehen und das Gespenst
verjagen."

Infoseite
Die Walpurgisnacht

Das Lesefest der Klasse 2a findet in der Nacht vom 30. April zum 1. Mai statt, in der *Walpurgisnacht*. Der Sage nach treffen sich in dieser Nacht Hexen und Teufel zum Tanz ums Hexenfeuer. Sie reiten auf Besen und Mistgabeln, begleitet von Katzen oder Raben, zu ihrem schrillen Jahresfest.

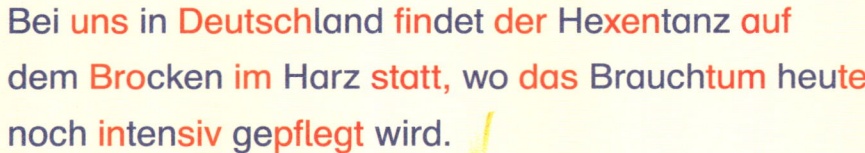

Bei uns in Deutschland findet der Hexentanz auf dem Brocken im Harz statt, wo das Brauchtum heute noch intensiv gepflegt wird.

Ursprünglich war die Mainacht ein germanisches Frühlingsfest, auf dem man mit großem Spektakel die Wintergeister vertreiben und die sommerliche Jahreszeit begrüßen wollte. Das Halloween-Fest ist das herbstliche Gegenstück am Ende des Sommers.

Um dieses heidnische Fest umzudeuten, hat man es später nach der heiligen Walpurgis benannt, die am 1. Mai heiliggesprochen wurde. Sie wurde als Schutzheilige gegen böse Geister angesehen.

165

Lösungen

S. 150/151:

Mike kommt aus Berlin.
Mikes Lieblingsspruch ist:
„Null Problemo!"
Mike fürchtet sich angeblich vor
nichts und niemandem.
Mike liebt Mäuse.
Anakonda ist der Name einer Schlangenart.
Das Lösungswort lautet GEIST.

S. 158/159:

Mia wettet mit Mike um eine Tafel Schokolade.
Karla ist die beste Schwimmerin der Klasse.
Die Lösung lautet 58 Sekunden.

U	O	E	J	A	R	B	I	D	O	R
H	R	H	U	P	P	O	T	S	L	E
L	E	D	K	R	E	B	U	D	N	M
A	S	K	C	N	A	D	K	O	S	M
E	S	O	H	E	D	A	B	L	S	I
S	A	M	I	K	D	O	Z	E	I	W
E	W	Y	H	C	U	T	D	N	A	H
C	B	A	E	H	R	M	L	K	O
S	P	R	U	N	G	B	R	E	T	T
Z	A	R	S	E	F	P	W	E	S	U

HEXEN, LESENACHT, GESPENST,
VAMPIR, BESENSCHRANK

Lesen lernen mit der Lesemaus

Liebe Eltern,

alle Kinder wollen lesen lernen. Sie sind von Natur aus wissbegierig. Diese Neugierde Ihres Kindes können Sie nutzen und das Lesenlernen frühzeitig fördern. Denn Lesen ist die Basiskompetenz für alles weitere Lernen. Aber Lesenlernen ist nicht immer einfach. Es ist wie mit dem Fahrradfahren: Man lernt es nur durch Üben – also durch Lesen.

Lesespaß mit Lesepass

Je regelmäßiger Ihr Kind übt, desto schneller und besser wird es das Lesen beherrschen. Eine schöne Motivation kann dabei ein Lesepass sein, den Sie zusammen mit Ihrem Kind basteln können.
Vereinbaren Sie mit ihm eine kleine Belohnung, die es für eine bestimmte Anzahl an Trainingsminuten gibt. Eine Leseeinheit können zum Beispiel 10 Minuten sein. Für jede Leseeinheit gibt es einen Sammelpunkt – und nach einer zu vereinbarenden Anzahl von Punkten dann die kleine Belohnung.

Wie können Sie Ihr Kind beim Lesenlernen unterstützen?

Je positiver Kinder das Lesen erleben, desto motivierter sind sie, es selbst zu lernen. Versuchen Sie, Ihrem Kind ein Vorbild zu sein. Zeigen Sie Ihrem Kind, dass Lesen und Schreiben zum Alltag gehören. Etablieren Sie gemeinsame Leserituale. So erfährt Ihr Kind: Lesen macht Spaß!

Lesen Sie Ihrem Kind mindestens bis zum Ende der Grundschulzeit vor. Auch wenn Ihr Kind zunehmend eigenständig liest, bleibt das Vorlesen ein schönes und sinnvolles Ritual.

Lesen lernen mit der Lesemaus

Jedes Kind lernt unterschiedlich schnell lesen. Orientieren Sie sich bei der Auswahl von Erstlesebüchern daher an den Interessen und Lesefähigkeiten Ihres Kindes. Die Geschichten sollen Ihr Kind fordern, aber nicht überfordern. Die Lesemaus zum Lesenlernen bietet spannende und leicht verständliche Geschichten für Leseanfänger. Altersgerechte Illustrationen helfen, das Gelesene zu verstehen.

Mit lustigen Leserätseln können die Kinder ihre Lernerfolge spielerisch selbst überprüfen. Außerdem gibt es in jedem Band interessante Sachinfos für Jungen und Mädchen.

Ihnen und Ihrem Kind viel Spaß beim Lesen!

Mit Conni

978-3-551-18960-8

Noch mehr Lesespaß!

978-3-551-18937-0

978-3-551-18792-5

978-3-551-18791-8

Mit der Schule der magischen Tiere

978-3-551-65592-9

978-3-551-65591-2

978-3-551-65593-6

Mit der Lesemaus

978-3-551-06641-1

978-3-551-06648-0

978-3-551-06652-7

978-3-551-06653-4

Mit Minecraft

978-3-551-06844-6

978-3-551-06845-3

978-3-551-06846-0

978-3-551-06847-7

978-3-551-06848-4

Die **LESEMAUS** ist eine eingetragene Marke des Carlsen Verlags.

Sonderausgabe im Sammelband
© 2022 Carlsen Verlag GmbH, Völckersstraße 14–20, 22765 Hamburg
ISBN: 978-3-551-06657-2
Umschlagillustration und Vorsatz: Sigrid Leberer
Illustration der Lesemaus: Hildegard Müller
Umschlagkonzeption: Gunta Lauck
Lektorat: Constanze Steindamm
Satz: Karin Kröll
Lithografie: ReproTechnik Fromme, Hamburg

Eine Nacht im Zelt
© Carlsen Verlag GmbH, Hamburg 2005

Tag und Nacht
© Carlsen Verlag GmbH, Hamburg 2011

Rosa und das Gespenst
© Carlsen Verlag GmbH, Hamburg 2006

Max ist ein Vampir
© Carlsen Verlag GmbH, Hamburg 2012

Jule hat keine Angst im Dunkeln
© Carlsen Verlag GmbH, Hamburg 2010

Das Gespenst im Besenschrank
© Carlsen Verlag GmbH, Hamburg 2013

Alle Bücher im Internet: www.lesemaus.de
Newsletter mit tollen Lesetipps kostenlos per E-Mail: www.carlsen.de